CW00514996

La Pandilla

1

Cuaderno de Actividades

Mª Luisa Hortelano
Elena González

edelsa
GRUPO DIDASCALIA, S.A.

1.ª edición: 2004
17.ª impresión: 2018

Impreso en España / *Printed in Spain*

© Edelsa Grupo Didascalia, S.A. Madrid, 2004.

Autoras: María Luisa Hortelano Ortega.
          Elena González Hortelano.

Dirección y coordinación editorial: Departamento de Edición de Edelsa.

Diseño de cubierta: Departamento de Imagen de Edelsa.

Diseño y maquetación de interior: Dolors Albareda.

Ilustrador: Alberto Lozano Domínguez.

ISBN: 978-84-7711-933-3
ISBN Pack (Libro del Alumno + Cuaderno de Actividades): 978-84-7711-936-4
Depósito legal: M-40507-2011

«Cualquier forma de reproducción de esta obra solo puede ser realizada con la autorización de la editorial, salvo excepción prevista por la ley. Diríjase a CEDRO (Centro Español de Derechos Reprográficos, www.cedro.org) si necesita fotocopiar o escanear algún fragmento de esta obra».

Índice

ESCUCHAR LEER ESCRIBIR OBSERVAR

REPETIR SEÑALAR CANTAR JUGAR

DIBUJAR TRABAJO MANUAL EN PAREJAS EN GRUPO

¿Cómo te llamas?

1. Lee y une.

c Hola…

Yo soy Ana.

Yo soy Chema.

Yo soy Julia.

Yo soy Rubén.

Yo soy Elena.

a Hola…

b Hola…

d Hola…

e Hola…

2. Dibújate y escribe tu nombre.

Hola. Yo soy ……………………

3. Elige y completa.   Él es…   Ella es…

a. Ella es Julia.

b. ………………

c. ………………

d. ………………

e. ………………

4. Pregunta y escribe el nombre de tus compañeros.

Chicos	Chicas
....	....
....	....
....	....

5. Completa. Yo soy | Tú eres | Él es | Ella es

a .... Rubén.

.... Chema.

c .... Chema.

b

.... Ana.

d

6. Completa. Yo me llamo | Tú te llamas | Él se llama | Ella se llama

.... Ana.

.... Chema.

.... Chema.

.... Elena.

a

b

c

d

¡Hola! y ¡Adiós!

1. Escribe.

| ¡Hola! | ¡Hasta luego! | ¡Adiós! | ¡Hola! |

2. Completa.

| Éste es… | Ésta es… |

a. ....
....

b. ....
....

c. ....
....

d. ....
....

e. ....
....

3. Escribe frases con un elemento de cada columna.

Yo	te	Elena.
¿Cómo	soy	llamas?
Éste	días,	niños.
Buenos	es	Rubén.

a. ....

b. ....

c. ....

d. ....

4. ✎ Escribe.

| Sí, es... | No, es... |

¿Es Julia?　　¿Es Rubén?　　¿Es Ana?　　¿Es Chema?　　¿Es Elena?

a. ....　**b.** ....　**c.** ....　**d.** ....　**e.** ....

5. ✎ Completa. ¿Eres...?

¿.............................?

¿.............................?

¡Sí!

No, soy Chema.

3 ¿Cuántos años tienes?

1. Une con flechas.

Cero
Uno
Dos
Tres
Cuatro
Cinco
Seis
Siete
Ocho
Nueve
Diez

2. Escribe las palabras.

a. ....uno.........................

b. ....

c. ....

d. ....

e. ....

f. ....

g. ....

h. ....

3. Dictado de números.

A: ◯ — ◯ — ◯ — ◯ — ◯ — ◯ — ◯

B: ◯ — ◯ — ◯ — ◯ — ◯ — ◯ — ◯

4. ✎ Responde.

¿Cuántos años tiene Julia?

Julia .... años.

¿Cuántos años tiene Rubén?

....

¿Cuántos años tiene Ana?

....

¿Cuántos años tiene Chema?

....

5. ✎ Escribe.

| Yo tengo ocho años. | ¿Cuántos años tienes? |

....

....

6. ✎ Escribe.

| Yo tengo | Tú tienes | Él tiene | Ella tiene |

a .... 7 años.

.... 8 años.

.... 8 años.

b .... 9 años.

¿Cómo se escribe tu nombre?

1. Escribe las palabras.

a. a-ene-a: ....

b. hache-o-ele-a: ....

c. a-be-erre-i-erre: ....

2. Escucha, dibuja y escribe.

a ....

b ....

c ....

d ....

3. Escucha y escribe los números.

a. ....

b. ....

c. ....

d. ....

e. ....

Repasamos

1. 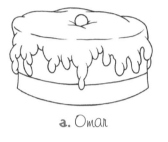 Escucha y dibuja las velas en las tartas.

a. Omar

b. Luna

c. Antonio

d. Rosa

2. Escribe frases con un elemento de cada columna.

Él Ella Yo Tú Elena Rubén	soy eres es me llamo te llamas se llama tengo tienes tiene	Ana. Julia. Rubén. Chema. Elena. 8 años. 9 años. 7 años.

a. ....

b. ....

c. ....

d. ....

e. ....

f. ....

1. Une con flechas. 3 puntos

0	uno	6	ocho
1	dos	7	seis
2	cuatro	8	siete
3	cinco	9	diez
5	tres	10	nueve
4	cero		

2. Dibuja. 2 puntos

tres lunas	cinco estrellas	cuatro niños

3. Escribe.

¿Cómo te llamas?	Ésta es Julia.	¿Cuántos años tienes?

Ana.

a

b

c

Ocho.

5 puntos

4. Completa.

| Ella... | Él... |

5 puntos

a. Chema tiene ocho años.   .... tiene ocho años.

b. Julia tiene nueve años.   .... tiene nueve años.

c. Ana tiene siete años.   .... tiene siete años.

d. Rubén tiene nueve años.   .... tiene nueve años.

e. Elena tiene ocho años.   .... tiene ocho años.

5. Escribe.

5 puntos

| Yo soy | Tú eres | Él es | ¡Adiós! | ¡Hasta luego! |

.... Chema.

.... Ana.

.... Chema.

TOTAL: .... puntos

Regular								Bien				¡Muy bien!				¡Excelente!			
1	**2**	**3**	**4**	**5**	**6**	**7**	**8**	**9**	**10**	**11**	**12**	**13**	**14**	**15**	**16**	**17**	**18**	**19**	**20**

Ésta es mi familia

1. Completa.

Rubén

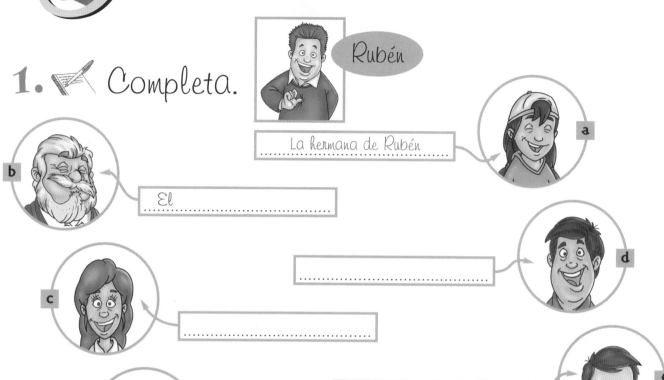

La hermana de Rubén

El ....

....

....

....

....

....

2. Dibuja a tu familia y escribe.

....
....
....
....
....
....
....
....

3. ✐ Escribe.

a. Roe y su ....

b. Roe y su ....

c. ....

d. ....

e. ....

4. ✐ Completa.

El   La   Los   Las

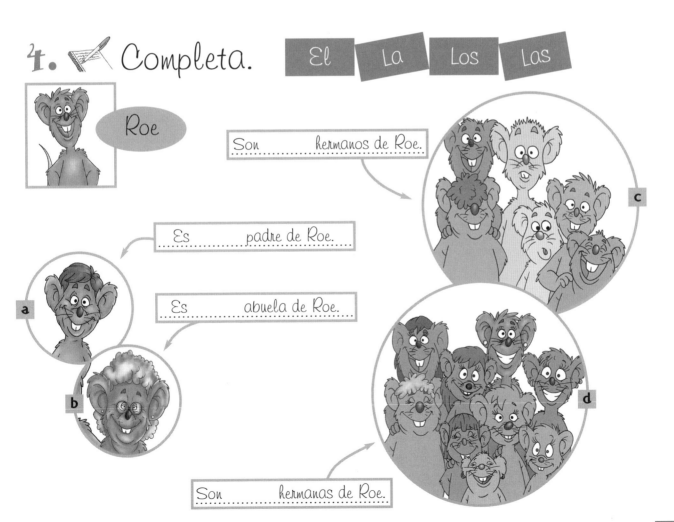

Roe

Son .... hermanos de Roe.

Es .... padre de Roe.

Es .... abuela de Roe.

Son .... hermanas de Roe.

6 ¿Tienes una mascota?

1. Colorea. MARRÓN ROJO AZUL NEGRO AMARILLO VERDE BLANCO

2. Colorea.

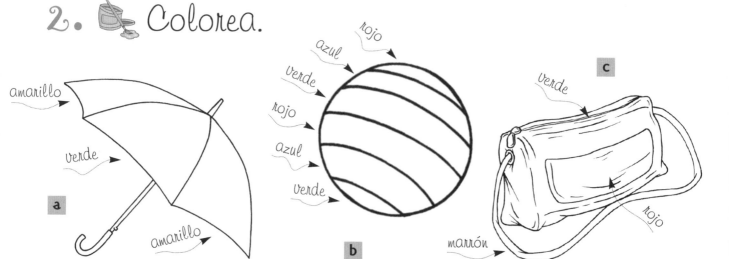

amarillo

verde

a

amarillo

rojo

azul

verde

rojo

azul

verde

b

c

verde

rojo

marrón

3. Escribe frases con un elemento de cada columna.

¿Cómo	hermanos	tienes?
¿Cuántos	se llama	Laura?
¿Quién	es	tu hermano?

a. ....

b. ....

c. ....

4.  Colorea y completa.

Éste es el perro de Elena.

Se llama ....

Es marrón y ....

Tiene .... años.

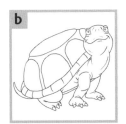
Ésta es la tortuga de Ana.

Se llama ....

Es verde, marrón y ....

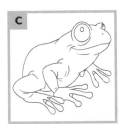
Ésta es la .... de Julia.

Se llama .... y es ....

5.  Señala verdadero (v) o falso (f).

a. La rana de Julia se llama Zoa.

b. El perro de Elena es blanco y negro.

c. Pancha es una tortuga verde, marrón y amarilla.

d. El ratón de Rubén se llama Mira.

e. Zoa tiene dos años.

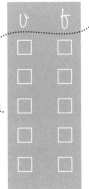

6.  Completa.

a. .... tortuga

b. .... perro

c. .... rana

d. .... ratón

e. .... araña

7 ¿Es un gato?

1. Dictado de números. 11 — 12 — 13 — 14 — 15

A: ◯ — ◯ — ◯ — ◯ — ◯ — ◯ — ◯ — ◯ — ◯

B: ◯ — ◯ — ◯ — ◯ — ◯ — ◯ — ◯ — ◯ — ◯

Del 1 al 15

A: ◯ — ◯ — ◯ — ◯ — ◯ — ◯ — ◯ — ◯ — ◯

B: ◯ — ◯ — ◯ — ◯ — ◯ — ◯ — ◯ — ◯ — ◯

2. Suma.

a. siete + ocho:

....

b. nueve + tres:

....

c. cinco + seis:

....

d. trece + uno:

....

3. Completa.

(crucigrama con números 11, 12, 13, 14, 15)

4. Escribe frases con un elemento de cada columna.

| Mira Colega Pancha Zoa Patas Cito | es | el la | perro ratón tortuga gata rana araña | de | Elena. Rubén. Ana. Chema. Julia. |

a. ....

b. ....

c. ....

d. ....

e. ....

f. ....

5. Lee y une con flechas de distintos colores.

a

b

c

d

e

una oveja

un pollito

un pez

un burro

una gallina

un hámster

un pájaro

una cabra

un cerdo

ll

l

un caballo

un conejo

un pato

f

g

h

una vaca

k

i

j

6. Observa y contesta a las preguntas.

¿Es un pájaro?

a. ....

¿Es un conejo?

b. ....

¿Es una cabra?

c. ....

La granja de mi abuelo

1. Escribe el plural.

a. perro

b. ....

c. ratón

d. ....

2. Escucha y une con flechas de colores.

Carlos

María

Daniel

Rosa

Pablo

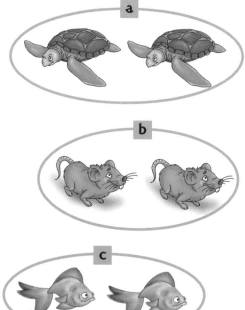

a

b

c

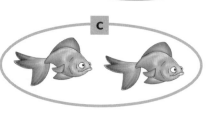

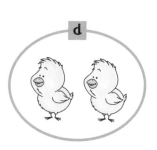

d

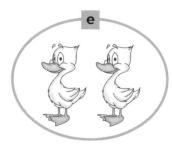

e

3. Completa.

a. Carlos tiene dos peces ....

b. María ....

c. Daniel ....

d. Rosa ....

e. Pablo ....

Repasamos

1. Escucha y numera.

a   b   c   d

2. Escucha y escribe.

	Nombre	Edad	Hermanos	Hermanas
a				
b				
c				
d				

¿Cómo te llamas?   ¿Cómo se llama tu padre?

¿Cuántos años tienes?   ¿Tienes mascota?

¿Cómo se llama tu madre?   ¿Cuántos hermanos tienes?

3. Haz una entrevista a tus compañeros.

Nombre	Edad	Madre	Padre	Hermanos	Mascota

4. Completa.   El   La   Los   Las

a. .... vaca   **b.** .... pollitos   **c.** .... cerdo   **d.** .... gallinas

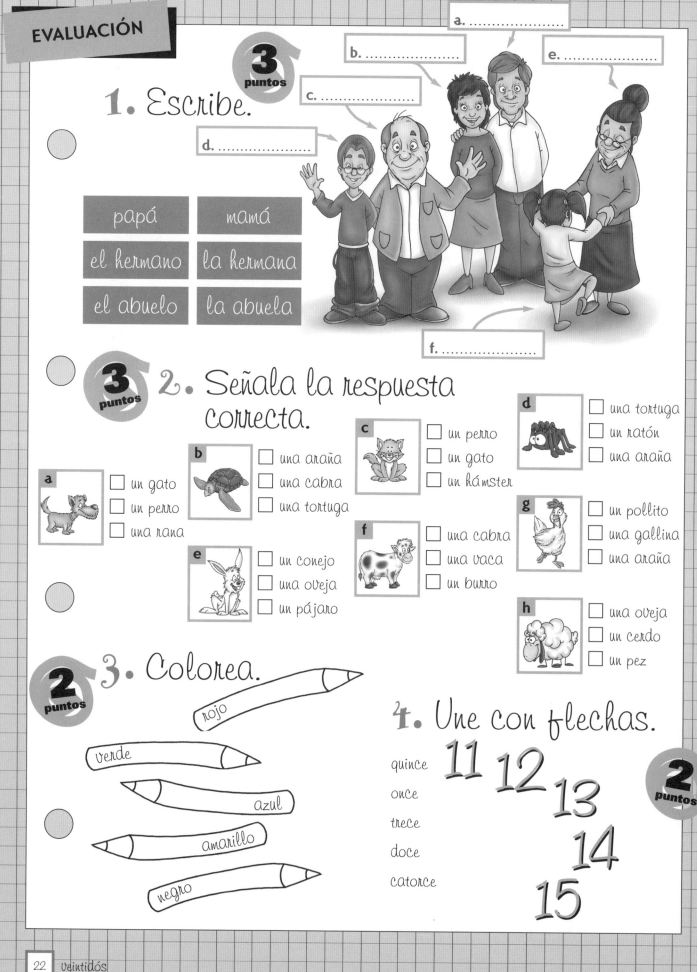

3 puntos

1. Escribe.

a. ....
b. ....
c. ....
d. ....
e. ....
f. ....

papá	mamá
el hermano	la hermana
el abuelo	la abuela

3 puntos

2. Señala la respuesta correcta.

a
- ☐ un gato
- ☐ un perro
- ☐ una rana

b
- ☐ una araña
- ☐ una cabra
- ☐ una tortuga

c
- ☐ un perro
- ☐ un gato
- ☐ un hámster

d
- ☐ una tortuga
- ☐ un ratón
- ☐ una araña

e
- ☐ un conejo
- ☐ una oveja
- ☐ un pájaro

f
- ☐ una cabra
- ☐ una vaca
- ☐ un burro

g
- ☐ un pollito
- ☐ una gallina
- ☐ una araña

h
- ☐ una oveja
- ☐ un cerdo
- ☐ un pez

2 puntos

3. Colorea.

rojo
verde
azul
amarillo
negro

4. Une con flechas.

quince   11
once   12
trece   13
doce   14
catorce   15

2 puntos

5. Completa.

| El | La | Los | Las |

a. .... niña   b. .... niño   c. .... niños   d. .... niñas

2 puntos

6. Escribe cuatro preguntas.

4 puntos

¿Cuántos	se llama tu madre?
¿Cómo	hermanos tienes?
¿Cuántos	es tu perro?
¿De qué color	años tienes?

a. ....

b. ....

c. ....

d. ....

7. Escribe cuatro respuestas.

4 puntos

El hermano de Rubén	se llama	blanco.
Mi perro es	marrón y	Omar.
Tengo una hermana	cinco	años.
Mi hermana tiene	y	un hermano.

a. ....

b. ....

c. ....

d. ....

TOTAL: .... puntos

Regular								Bien				¡Muy bien!				¡Excelente!			
1	2	3	4	5	6	7	8	9	10	11	12	13	14	15	16	17	18	19	20

1.  Lee y escribe el número.

1	2	3	4	5

6	7	8

☐ una ventana

☐ una mesa

☐ un lápiz

☐ una cartera

☐ una puerta

☐ una silla

☐ una goma

☐ una pizarra

2. Dibuja.

☐ un lápiz amarillo

☐ una goma verde

☐ una cartera azul

☐ una ventana roja

3. Completa.

Una   Una

a. .... cuaderno

b. .... regla

c. .... estuche

d. .... profesor

e. .... mesa

Unos   Unas

f. .... cuadernos

g. .... reglas

h. .... estuches

i. .... profesores

j. .... mesas

4. Completa.

a. Un libro

b. ....

c. ....

d. ....

e. ....

5. Escucha y relaciona. ¿Qué hay en la cartera?

Ana

Chema

Rubén

Elena

Julia

a
b
c
d
e

10 ¿Cuántas sillas hay?

1. El Bingoclase.

una silla

una mesa

una pizarra

una tiza

una puerta

una ventana

una papelera

una estantería

un ordenador

un lápiz

una goma

una cartera

una regla

un sacapuntas

un cuaderno

un estuche

un libro

un bolígrafo

una pintura

un rotulador

un pegamento

un papel

una cartulina

unas tijeras

2. Colorea. MALVA NARANJA GRIS ROSA MORADO

3. Colorea y completa.

a

b

c

d

a. Mi .... es ....
b. Mi .... es ....
c. Mi .... es ....
d. Mi .... es ....
e. Mi .... es ....
f. Mi .... es ....

e

f

4. Completa.

c. ¿...............................?

....

d. ¿...............................?

....

a. ¿Cuántos...............................?

Hay ....

b. ¿...............................?

....

¿Dónde está?

1. Escribe frases con un elemento de cada columna.

¿Dónde	estuches hay?
¿Cuántas	está mi libro?
¿Cuántos	es tu cartera?
¿De qué color	pinturas hay?

a. ....

b. ....

c. ....

d. ....

2. Contesta.

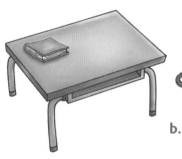

c. ¿Dónde está el sacapuntas?

....

b. ¿Dónde está el bolígrafo?

....

d. ¿Dónde está la pintura?

....

a. ¿Dónde está el libro?

....

3. Dibuja.

4. Pregunta a tu compañero. Escribe y dibuja sus objetos.

¿Dónde está tu cartera? ¿Dónde está tu lápiz?

a. Su cartera está ....

b. Su regla ....

c. ....

d. ....

e. ....

5. Completa.

Yo estoy   Tú estás   Él está   Ella está

b .... encima de la mesa.

a .... al lado de la goma.

c .... dentro del estuche.

d .... debajo de la silla.

12 ¿Me dejas una pintura azul?

1.  Lee y colorea las pinturas.

JULIA: Chema ¿me dejas tus pinturas, por favor?
CHEMA: Sí, claro.

JULIA: Gracias. ¿Dónde está la pintura verde?
CHEMA: Está aquí, encima de la mesa.

JULIA: ¿Y dónde está la pintura morada?
CHEMA: Mira, está debajo de la silla.

JULIA: ¿Y la pintura naranja?
CHEMA: ¿La pintura naranja? Eh… no sé… Ah, sí, está en el suelo, al lado de Zoa.

2. Dictado de números.  16 — 17 — 18 — 19 — 20

A: ◯ — ◯ — ◯ — ◯ — ◯ — ◯ — ◯ — ◯ — ◯

B: ◯ — ◯ — ◯ — ◯ — ◯ — ◯ — ◯ — ◯ — ◯

Del  1 al 20

A: ◯ — ◯ — ◯ — ◯ — ◯ — ◯ — ◯ — ◯ — ◯

B: ◯ — ◯ — ◯ — ◯ — ◯ — ◯ — ◯ — ◯ — ◯

Repasamos

1. Escucha y contesta verdadero (v) o falso (f).

a

b

c

d

e

f

g

h

19

2. Completa.

1 ¿Cómo te llamas?

....

2 ¿Cuántos años tienes?

....

3 ¿Qué es esto?

....

4 ¿Cuántos cuadernos hay?

....

5 ¿Hay un lápiz?

....

6 ¿Cuántas pinturas hay?

....

7 ¿Dónde está mi goma?

....

8 ¿De qué color es Colega?

....

9 ¿Qué es esto?

....

10 ¿Dónde está Cito?

....

5 puntos

1. ¿Qué es esto?

| un estuche | un lápiz | una mesa | una silla |

| una cartera | una goma | una regla | uu ordenador |

| un sacapuntas | un bolígrafo | un libro | un pegamento |

a. ....

b. ....

c. ....

d. ....

e. ....

f. ....

g. ....

h. ....

i. ....

j. ....

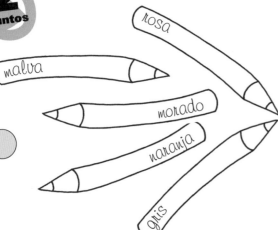

k. ....

l. ....

2 puntos

2. Colorea.

rosa

malva

morado

naranja

gris

gris

3. Une con flechas.

veinte   **16**   **17**

dieciséis   **18**

dieciocho

diecinueve   **19**

diecisiete

20

3 puntos

4. Dictadodalí.

5 puntos

5. Completa.

El   La   Los   Los   +s -es

a. .... mesa rosa

b. .... mesa... rosa...

c. .... libro azul

d. .... libro... azul...

e. .... ordenador gris

f. .... ordenador... gris...

5 puntos

g. .... regla verde

h. .... regla... verde...

i. .... estuche naranja

j. .... estuche... naranja...

TOTAL: .... puntos

Regular								Bien				¡Muy bien!				¡Excelente!			
1	2	3	4	5	6	7	8	9	10	11	12	13	14	15	16	17	18	19	20

1. Escribe.

a. El balón.

b. ....

c. ....

d. ....

e. ....

f. ....

g. ....

h. ....

i. ....

2.  Escucha y dibuja.

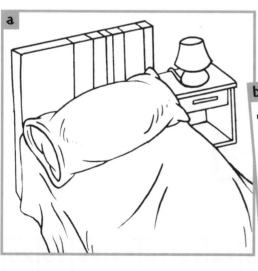

3. Marca con una X.

	a	b	c	d	e	f
Un robot						
Una raqueta						
Una cometa						
Un juego de mesa						
Un tren						
Unos patines						

4. Mira las páginas 34-35 y contesta.

a. ¿Dónde están los patines? ....

b. ¿Dónde están los coches? ....

c. ¿Dónde están los ositos? ....

d. ¿Dónde están los trenes? ....

e. ¿Dónde están las muñecas? ....

f. ¿Dónde están los aviones? ....

5. Contesta con "grande" o "pequeño".

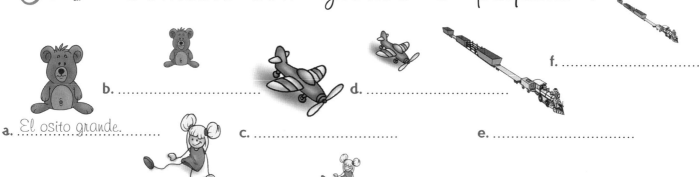

b. ....

d. ....

f. ....

a. El osito grande. ....

c. ....

e. ....

g. ....

h. ....

1. Escribe con letras.

a. 20 ....

b. 29 ....

c. 23 ....

d. 27 ....

e. 24 ....

f. 30 ....

g. 36 ....

h. 33 ....

i. 38 ....

j. 35 ....

2. Escribe los días de la semana.

a. Lunes   b. Mar...............   c. Mi...............   d. Jue...............   e. V...............

f. Sá...............   g. D...............

3. Escribe los meses del año.

a. Enero   b. Fe...............   c. M...............   d. A...............

e. M...............   f. Jun...............   g. Jul...............   h. Ag...............

i. Sep...............   j. Oc...............   k. Nov...............   l. Dic...............

4. Contesta.

a. – ¿Cuántos días tiene una semana?

• ....

b. – ¿Cuántos meses tiene un año?

• ....

c. – ¿Cuántos días tiene un mes?

• ....

d. – ¿Qué día es hoy?

• ....

5.  Escucha y une con flechas.

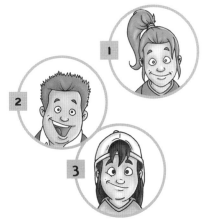

a. El 26 de enero.

b. El 27 de noviembre.

c. El 17 de mayo.

d. El 11 de abril.

e. El 30 de septiembre.

f. El 29 de diciembre.

g. El 18 de marzo.

6. Pregunta a tus compañeros y completa la tabla.

¿Cuándo es tu cumpleaños?   ¿Cuántos cumples?

Nombre	Cumpleaños	Cuántos
Yo		

7. Contesta.

a. – ¿Cuándo es tu cumpleaños?

• ....

b. – ¿Cuántos años cumples?

• ....

c. – ¿Cómo se llama tu madre?

• ....

d. – ¿Cuándo es su cumpleaños?

• ....

e. – ¿Cómo se llama tu padre?

• ....

f. – ¿Cuándo es su cumpleaños?

• ....

15 ¿Qué te gusta hacer

1. Lee y escribe. ¿Qué te gusta hacer en tu tiempo libre?

	Me gusta	No me gusta
Leer		
Bailar		
Jugar al fútbol		
Ver la tele		
Montar en bici		
Dibujar		
Ir al cine		

a. Me gusta ....

b. Me gusta ....

c. Me gusta ....

d. No me gusta ....

2. Pregunta a tu compañero y completa la tabla.

¿Te gusta leer?

	Le gusta	No le gusta
Leer		
Bailar		
Jugar al fútbol		
Ver la tele		
Montar en bici		
Dibujar		
Ir al cine		

a. A .... le gusta ....

....

b. A .... no le gusta ....

....

3. Contesta.

a. ¿Sabes nadar? ....

b. ¿Sabes patinar? ....

c. ¿Sabes montar en bici? ....

d. ¿Sabes cocinar? ....

e. ¿Sabes hacer la cama? ....

f. ¿Sabes tocar la guitarra? ....

g. ¿Sabes silbar? ....

4. Escribe frases con un elemento de cada columna.

a. ....

b. ....

c. ....

| Yo Tú Ella | sabe patinar. sé cocinar. sabes silbar. |

5. Escucha y une con flechas de colores.

Ana
Chema
Rubén

Elena
Julia

¿Qué estás haciendo?

1. Escribe frases con un elemento de cada columna.

| Yo Tú Él | estás tocando la batería. está cantando. estoy tocando la guitarra. |

a. ....

b. ....

c. ....

2. Completa.

a Ana está patinando ....

b ....

c ....

d ....

e ....

f ....

1. 🎲 El Bingoacción.

leer

escribir

dibujar

bailar

cantar

patinar

nadar

cocinar

silbar

jugar al fútbol

jugar al baloncesto

jugar al parchís

montar en bici

montar a caballo

ver la tele

escuchar música

ir al cine

ir al parque

ir al teatro

tocar el violín

tocar la batería

tocar la guitarra

hacer la cama

señalar

3 puntos

1. Completa.

una muñeca	un avión	un osito	un tren

un coche	una bicicleta	una pelota	uua cometa

a. .... b. .... c. .... d. ....

e. .... f. .... g. .... h. ....

2. Completa.

3 puntos

a. 10 pelotas + 10 pelotas: .... pelota.....

b. 20 avion..... + 7 avio.....: .... avion.....

c. 20 cometa..... + 9 cometa.....: .... cometa.....

d. 30 tren..... + 5 tren.....: .... tren.....

e. 30 osito..... + 4 osito.....: .... osito.....

3. Une con flechas de colores.

1. Cantar.
2. Bailar.
3. Nadar.
4. Jugar al fútbol.

5. Tocar la guitarra.
6. Ir al cine.
7. Escuchar música.
8. Hacer la cama.

4 puntos

4. Completa.

– ¿Qué día es hoy? • ....

– ¿Cuándo es tu cumpleaños? • ....

5. Une con con flechas y escribe.

¿Dónde está	gusta leer?
¿Dónde están	haciendo?
¿Te	los patines?
¿Sabes	el balón?
¿Qué estás	tocar la guitarra?

a. ....

b. ....

c. ....

d. ....

e. ....

6. Une con con flechas y escribe.

Me	sé patinar.
Yo no	gusta ir al cine.
Tú no	estás leyendo un libro.
Yo estoy	sabes patinar.
Tú	leyendo un libro.

a. ....

b. ....

c. ....

d. ....

e. ....

TOTAL: .... puntos

Regular								Bien				¡Muy bien!				¡Excelente!			
1	2	3	4	5	6	7	8	9	10	11	12	13	14	15	16	17	18	19	20

17 ¿Cómo soy?

1. Pon los nombres a las partes del cuerpo.

el pelo	los ojos
la oreja	el cuello
la mano	el pie
la cabeza	la nariz
la boca	el brazo
la pierna	

a.

b.

c.

d.

e.

f.

g.

h.

i.

j.

k.

2. Observa y completa.

a Tengo .... cabeza...... .

b Tengo .... brazo...... .

c Tengo .... dedo...... .

d Yo tengo .... oreja...... .

e Yo tengo .... ojo...... .

3. Escucha y numera.

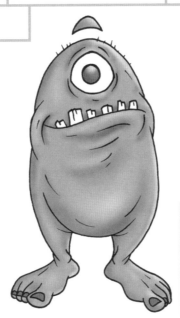

4. Describe dos de los monstruos del ejercicio anterior.

☐ ....
....
....
....

☐ ....
....
....
....

18 ¿Cómo eres?

1.  Contesta y dibújate.

Así soy yo

a. ¿Eres alto/a? ....

b. ¿Eres delgado/a? ....

c. ¿De qué color tienes los ojos? ....

d. ¿Cómo tienes el pelo? ....

2. Descríbete.

Yo soy .... Tengo ....

3.  Lee y colorea.

El chico tiene los ojos azules y es rubio. La chica es castaña y tiene los ojos marrones.

4. Describe a tus compañeros.

Nombre	Pelo	Ojos

5.  Escucha y numera.

6. Describe una de las caras del ejercicio anterior.

....
....
....

a

7. Fíjate y escribe las diferencias.

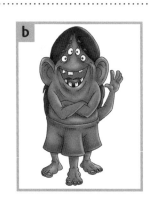

b

a. Pelo corto

a. ....

b. Pelo largo

b. ....

c. ....

d. ....

e. ....

f. ....

g. ....

h. ....

i. ....

j. ....

k. ....

l. ....

19 Soy alegre

1. Lee y escribe el número.

- ☐ inteligente
- ☐ vago
- ☐ cariñoso
- ☐ divertida
- ☐ estudiosa
- ☐ alegre

2. Busca las palabras anteriores en la sopa de letras y escríbelas junto a su dibujo.

a. ....   b. ....   c. ....

d. ....   e. ....   f. ....

J	I	I	D	F	C	E	T	A	G	G
C	A	R	I	Ñ	O	S	O	I	O	O
R	A	C	V	A	G	O	A	A	R	R
I	N	T	E	L	I	G	E	N	T	E
E	X	Y	R	A	E	A	N	G	A	A
Y	E	S	T	U	D	I	O	S	A	N
O	P	R	I	A	I	J	M	R	A	A
B	S	A	D	S	A	L	E	G	R	E
T	U	O	A	A	E	Ñ	I	O	P	P

3. Escribe frases con un elemento de cada columna.

| Ella / Yo / Tú | eres inteligente y trabajadora. / es cariñosa. / soy divertido. |

a. ....

b. ....

c. ....

4. Escribe verdadero (v) o falso (f).

V F

a. Este monstruo es grande y gordo. ☐ ☐

b. Tiene cuatro brazos. ☐ ☐

c. Tiene las manos pequeñas. ☐ ☐

d. Tiene las piernas largas. ☐ ☐

e. No tiene orejas. ☐ ☐

f. Tiene cuatro ojos grandes. ☐ ☐

g. Tiene el pelo rizado. ☐ ☐

5. Escribe frases con un elemento de cada columna.

Él Tú Yo	tengo los ojos marrones. tiene el pelo rizado. tienes las orejas grandes.

a. ....

b. ....

c. ....

20 ¿Qué hora es?

1. Escribe con números.

a. Cuarenta y ocho: ....

b. Sesenta y cinco: ....

c. Cincuenta y nueve: ....

d. Ochenta y dos: ....

e. Setenta y seis: ....

f. Noventa y cinco: ....

g. Ochenta y siete: ....

h. Sesenta y uno: ....

i. Cincuenta y tres: ....

j. Cuarenta y tres: ....

2. Escribe con letras.

a. 43: ....

b. 56: ....

c. 61: ....

d. 74: ....

e. 82: ....

f. 95: ....

g. 37: ....

h. 58: ....

i. 77: ....

j. 52: ....

3. ¿Qué hora es? Relaciona.

| las cuatro | la una y media | las nueve | las tres y media | las siete y media |

Repasamos

1. Mira la página 51 de tu libro y completa.

a Son las ....
Julia .... desayunando.

b Son ....
Julia está ....

c Son ....
Julia ....

d Son ....
Julia ....

e Son ....
Julia ....

f Son ....
Julia ....

2. Escucha, dibuja y colorea.

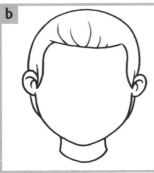
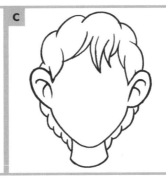
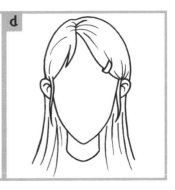

3. ¿Cómo saludas?

a. Por la mañana: ....
b. Por la tarde: ....
c. Por la noche: ....

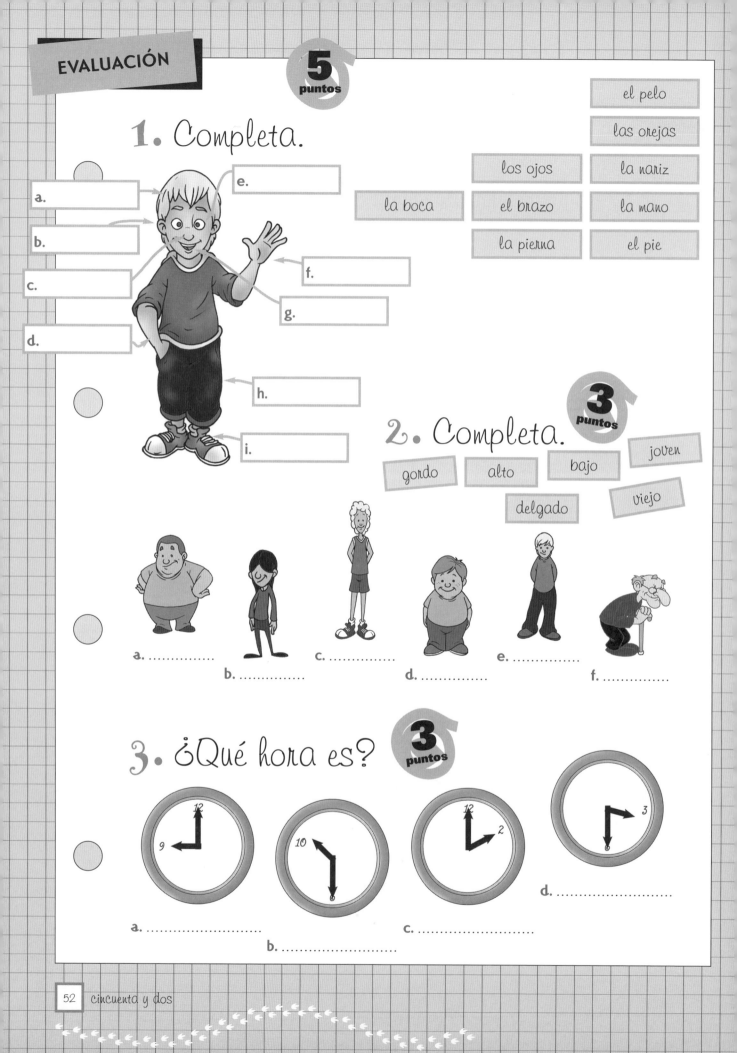

5 puntos

1. Completa.

el pelo

las orejas

los ojos   la nariz

la boca   el brazo   la mano

la pierna   el pie

a.

b.

c.

d.

e.

f.

g.

h.

i.

3 puntos

2. Completa.

gordo   alto   bajo   joven

delgado   viejo

a. ....

b. ....

c. ....

d. ....

e. ....

f. ....

3 puntos

3. ¿Qué hora es?

a. ....

b. ....

c. ....

d. ....

4. Escribe con letras. **3 puntos**

a. 57: ....

d. 93: .... ○

b. 42: ....

e. 76: ....

c. 81: ....

f. 60: ....

5. Completa. Buenos días Buenas noches Buenas tardes

a. Por la mañana: ....

b. Por la tarde: ....

c. Por la noche: ....

2 puntos ○

6. Dibuja.

Un monstruo rosa con tres piernas, tres brazos y dos orejas. Son las ocho de la mañana y está desayunando.

4 puntos

○

TOTAL: .... puntos

○

Regular								Bien				¡Muy bien!				¡Excelente!			
1	2	3	4	5	6	7	8	9	10	11	12	13	14	15	16	17	18	19	20

 21 Mi camisa es blanca

1.  Busca y escribe.

b. ....

d. ....

J	I	I	S	F	C	E	T	A	G
E	C	R	U	R	A	P	Z	I	O
R	A	C	F	A	L	D	A	A	R
S	M	S	M	E	C	S	U	I	R
E	I	Y	C	A	E	A	N	G	A
Y	S	P	A	N	T	A	L	O	N
O	E	R	M	A	I	J	M	R	A
B	T	A	I	S	N	A	A	R	E
T	A	O	S	A	E	Ñ	I	O	P
C	E	G	A	P	S	E	T	I	A

a. ......jersey........

c. ....

f. ....

g. ....

h. ....

e. ....

2. Completa.

Un   **Una**

a. .... jersey.

b. .... falda.

c. .... pantalón.

d. .... camiseta.

e. .... camisa.

f. .... calcetín.

g. .... gorro.

h. .... gorra.

3.  Colorea la ropa y completa.

Un   **Una**   **Unos**

rojo - roja | negro - negra | amarillo - amarilla | morado - morada | blanco - blanca | marrón | gris | azul | verde | malva | naranja | rosa

a. .... jersey ....

b. .... camisa ....

c. ..... falda ....

d. .... calcetines............... .

e. .... pantalón ....

f. .... gorro ....

g. .... camiseta ....

h. .... gorra ....

4. Une con flechas de colores.

a. un vestido.

b. un abrigo.

c. una bufanda.

d. unos zapatos.

e. un pijama.

f. unas zapatillas.

g. unas botas.

h. unas deportivas.

i. un vaquero.

j. una chaqueta.

5. Escucha, colorea y completa.

a. Es una falda verde.

b. ....

c. ....

d. ....

e. ....

f. ....

22 ¿Qué llevas puesto?

1. Escucha, dibuja y escribe.

a. El chico ....

....

....

b. La chica ....

....

....

2. Escribe frases con un elemento de cada columna.

Yo	lleva	
Tú	llevo	puesto un jersey.
Él	llevas	

a. ....

b. ....

c. ....

3. Dibuja lo que llevas puesto y escribe.

Yo llevo puesto ....

....

....

....

....

....

4. Completa.

b
Yo .... el abrigo y el gorro. Omar .... la bufanda.

c
Y tú .... el jersey.

me pongo   te pones   se pone

a
Hoy hace frío. Por eso .... los calcetines gordos.

5. Escribe.

a. ¿Qué te pones cuando hace frío?

Cuando hace frío me

....

....

....

b. ¿Qué te pones cuando hace calor?

....

....

....

....

6. Escribe frases con un elemento de cada columna.

Yo Tú Él	te pones Se pone me pongo	los calcetines.

a. ....

b. ....

c. ....

1. Une con flechas de colores.

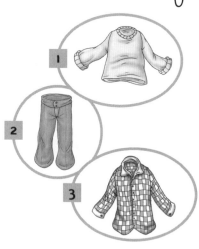

a. largo

b. corto

c. ancho

d. estrecho

e. de rayas

f. de cuadros

2. Escribe lo que dicen.

Llevo puesto un pijama de rayas.

Este jersey es muy ancho.

Estas zapatillas son pequeñas.

Me gusta la camisa de cuadros.

ayas

3.  Pregunta a tus compañeros y completa la tabla.

¿De qué color es tu jersey?   ¿De qué color son tus zapatos?

Ropa - Nombres	Yo	1	2	3	4
pantalón					
falda					
vestido					
camisa					
camiseta					
jersey					
chaqueta					
calcetines					
zapatos					
deportivas					

4. Completa y dibújate.

Yo☺

1. Yo ....
....

2. .... lleva ....
....

3. ....
....

4. ....
....

¿De quién es este jersey?

1. Completa.

 mío · tuyo · suyo   ¿De quién es este gorro?

a. Éste es mi gorro.

Es ....

b. Éste es tu gorro.

Es ....

c. Éste es su gorro.

Es ....

míos · tuyos · suyos

¿De quién son estos calcetines?

d. Éstos son mis calcetines.

Son ....

e. Éstos son tus calcetines.

Son ....

f. Éstos son sus calcetines.

Son ....

2.  Completa.   su · suyo · tus · mío · tuya · tuyo · míos

a Sí. Es ....

Éste es el pantalón de Elena.
Es .... pantalón.

b Estos zapatos son ....

Sí, son .... zapatos.
Y esta falda también es ....

c ¿Este jersey es .... ?

No, no es ....
Es el jersey de Rubén.

1. Contesta. ¿Qué es esto?

a .... Es una falda ....

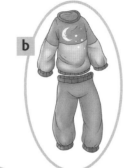

b ....

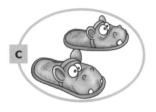

c ....

d ....

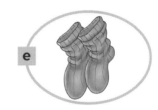

e ....

2. Escucha y numera.

5 puntos

1. Completa.

e.

f.

g.

a.

b.

c.

d.

h.

i.

j.

k.

l.

las botas

el abrigo

el gorro

los calcetines

el pantalón

el jersey

la camisa

los zapatos

la bufanda

la falda

la camiseta

las deportivas

2. Lee y colorea en el dibujo anterior.

3 puntos

El niño lleva un jersey de color azul y una camisa amarilla. Su pantalón es marrón y sus zapatos son rojos. Lleva un gorro de color naranja. La niña lleva una camiseta de color rosa y una falda de color morado. Lleva unos calcetines rosas y unas deportivas negras. Dentro del armario hay un abrigo rojo, una bufanda malva y unas botas amarillas.

3. Observa el dibujo 1 y contesta.

¿De qué color es?   ¿De qué color son?

a. El jersey es ....   **d.** Los calcetines ....

b. La camisa ....   **e.** La falda ....

c. Las deportivas ....

3 puntos

4. Completa. es son

3 puntos

a. El pijama .... estrecho.

b. Las zapatillas .... pequeñas.

c. El jersey .... ancho.

d. Los calcetines .... largos.

5. Escribe. mío mía míos mías

3 puntos

a. Este pantalón es ....

b. Estos zapatos son ....

c. Esta camisa es ....

d. Estas camisetas son ....

tuyo tuya tuyos tuyas

e. Esta bufanda es ....

f. Estas faldas son ....

g. Estos calcetines son ....

h. Este abrigo es ....

6. Une y escribe las preguntas.

¿Dónde ¿Qué ¿De quién

es este jersey?
están mis zapatos?
llevas puesto?

3 puntos

a. ....

b. ....

c. ....

TOTAL: .... puntos

Regular								Bien				¡Muy bien!				¡Excelente!			
1	2	3	4	5	6	7	8	9	10	11	12	13	14	15	16	17	18	19	20